school - sukuu	2
reis - akwantuo	5
transport - ɛhyɛn	8
stad - kuropɔn	10
landschap - asaase	14
restaurant - adidibea	17
supermarkt - dwakɛseɛmu	20
dranken - nsa	22
eten - aduane	23
boerderij - afuo	27
huis - efie	31
woonkamer - ɛdan a wɔtena mu	33
keuken - gyaade	35
badkamer - adwareɛ	38
kinderkamer - abɔfra dan mu	42
kleding - ataadeɛ	44
kantoor - ɔfise	49
economie - sikasem	51
beroepen - nnwuma ahodoɔ	53
gereedschap - akadeɛ	56
muziekinstrumenten - mfidie a wɔde bɔ nnwom	57
dierentuin - mmoakurabea	59
sport - agokansie	62
activiteiten - dwumadie ahodoɔ	63
familie - abusua	67
lichaam - nipadua	68
ziekenhuis - asopiti	72
noodgeval - putupru	76
aarde - Ewiase	77
klok - mmerɛ kyerɛfoɔ	79
week - nnawɔtwe	80
jaar - afe	81
vormen - bɔbea	83
kleuren - ahosuo	84
tegenstellingen - abirabɔ	85
getallen - nɔma	88
talen - kasa ahodoɔ	90
wie / wat / hoe - hwan/aden/ sɛn	91
waar - hefa	92

Impressum
Verlag: BABADADA GmbH, Nedderfeld 112 , 22529 Hamburg
Geschäftsführer / Verlagsleitung: Harald Hof
Druck: Books on Demand GmbH, In de Tarpen 42, 22848 Norderstedt

Imprint
Publisher: BABADADA GmbH, Nedderfeld 112 , 22529 Hamburg, Germany
Managing Director / Publishing direction: Harald Hof
Print: Books on Demand GmbH, In de Tarpen 42, 22848 Norderstedt

school
sukuu

- klaslokaal / adesua dan mu
- delen / kyɛmu
- bord / bɔɔdo
- schoolplein / sukuu asaase
- leraar / ɔkyerɛkyerɛni
- papier / krataa
- schrijven / twerɛ
- pen / twerɛdua
- bureau / pono
- lineaal / susudua
- boek / nwoma
- leerling / sukuuni

schooltas
baage

etui
adeɛ wɔde twerɛdua hyɛ mu

potlood
twerɛdua

puntenslijper
adea wɔde sensene twerɛdua ano

gum
rɔba

schetsblok
drɔɔwin nkrataa

tekening
drɔɔwin

penseel
adeɛ a wɔde bɔ akaadoo mu

verfdoos
akaadoo adaka

schaar
apasoɔ

lijm
aduro a wɔde sɔ nnooma bɔ mu

schrift
krataa wɔyɛ dwumadie wɔ mu

huiswerk
efie adwuma

getal
nɔma

2+2

optellen
ka bom

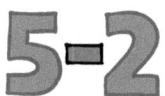

aftrekken
te frim

vermenigvuldigen
fabaho

rekenen
bo ho nkonta

letter
atwerɛdeɛ

alfabet
atwerɛdeɛ

woord
asɛm

school - sukuu

tekst
atwerɛ

lezen
kan

krijt
chalk

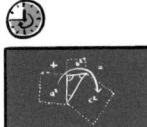
les
adesua

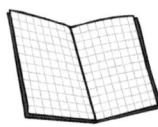
klassenboek
krataa a din ahodoɔ wɔ mu

examen
nsɔhwɛ

diploma
nimdeɛ krataa

schooluniform
sukuu ataadeɛ

opleiding
adesua

encyclopedie
encyclopedia

universiteit
suapon kɛseɛ

microscoop
afidie a wɔde hwɛ adeɛ
aniwa ntumi nhunu

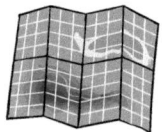
kaart
asaase mfonin a ɛwɔ krataa
so

prullenmand
kɛntɛn a wɔde krataa na ayɛ
a wɔde nwura gu mu

school - sukuu

reis
akwantuo

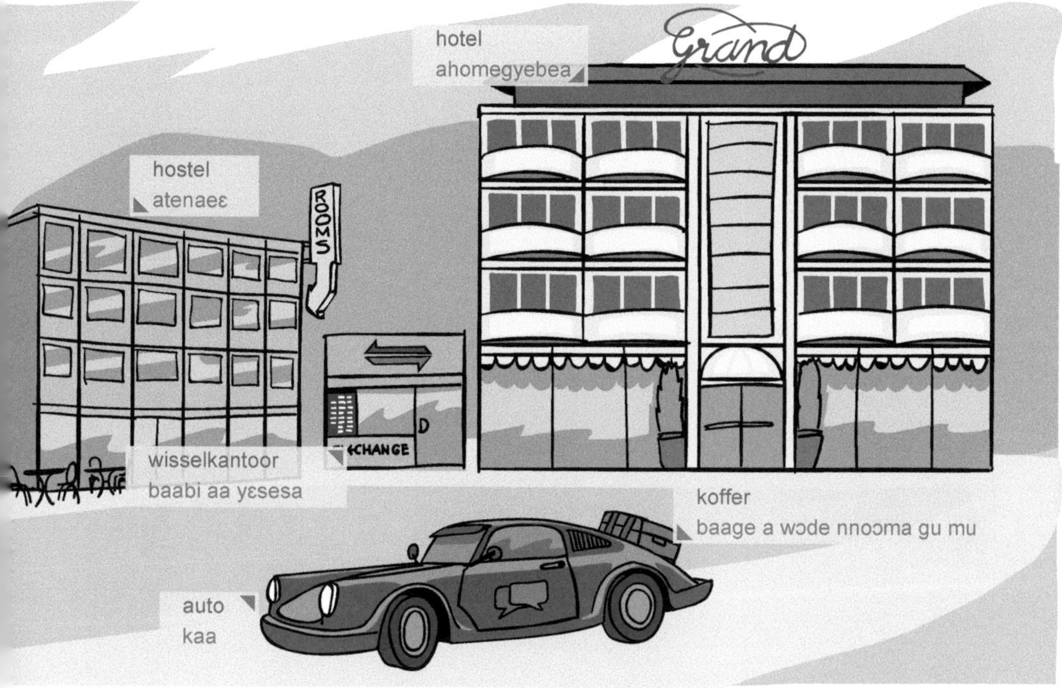

hotel
ahomegyebea
Grand
hostel
atenaeɛ
ROOMS
EXCHANGE
wisselkantoor
baabi aa yɛsesa
koffer
baage a wɔde nnoɔma gu mu
auto
kaa

taal

kasa

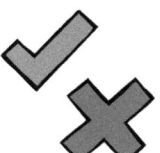

ja / nee

aane / daabi

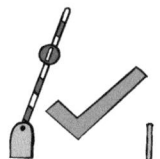

oké

Yoo

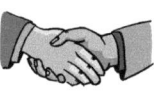

Hallo!

hɛlo

tolk

deɛ wɔkyerɛkyerɛ kasa ase

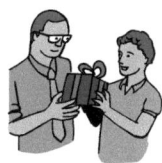

Bedankt.

Medaase

Wat kost ...?
... ɛyɛ sɛn?

Ik begrijp het niet.
Menteaseɛ

probleem
ɔhaw

Goedenavond!
Maadwo!

Goedemorgen!
Maakye!

Goedenacht!
Da yie!

Tot ziens!
nante yie

richting
akwankyerɛ

bagage
nnooma a wɔde tu kwan

tas
kɔtɔkuo

rugzak
baage a yɛde bɔ yakyi

gast
ɔhɔhoɔ

kamer
danmu

slaapzak
bag a yɛda mu

tent
ntomadan

reis - akwantuo

VVV-kantoor
adesrafoɔ nsɛm

strand
po ano

creditkaart
krɛdit kaade

ontbijt
anopa aduane

lunch
awia aduane

diner
anwumerɛ aduane

kaartje
tikiti

lift
pagya

postzegel
agyinahyɛdeɛ

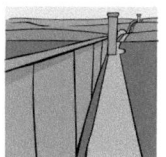

grens
ɛhyeɛ

douane
adwumayɛfoɔ a wɔgyina
aman mmienu hyeɛ so

ambassade
ɔman bi asoeɛ

visum
akwantuo krataa

paspoort
akwantuo krataa

reis - akwantuo

transport
ɛhyɛn

vliegtuig
ɛwiemhyɛn

schip
suhyɛn

brandweerwagen
afidie wɔde dum gya

vrachtauto
ɛhyɛn

bus
bɔs

motorboot
motoboto

fiets
dadepɔnkɔ

auto
kaa

veerboot
subonto

boot
suhyɛn

motorfiets
dadepɔnkɔ

politiewagen
apolisifoɔ kaa

raceauto
kaa a wɔde si akan

huurauto
hyɛn aa yɛ hain

transport - ɛhyɛn

carsharing

kaa a wɔde ma obi de di dwuma

takelwagen

kaa a wɔde twe ɛhyɛn a asɛe

vuilniswagen

bɔɔla kaa

motor

moto

benzine

ngo

benzinepomp

beaɛ a wɔtɔn pɛtro

verkeersbord

trafik ahyɛnsodeɛ

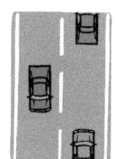

verkeer

trafik

file

ɛhyɛn ntumi nkɔ ntɛm

parkeerplaats

kaa gyinabea

station

keteke steshin

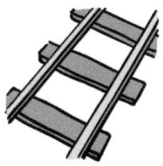

rails

ketekye kwan

trein

ketekye

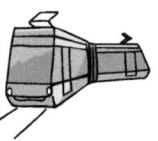

tram

ketekye

wagon

afidie a wɔtena mu wɔ wiem tu kwan

transport - ɛhyɛn

helikopter	luchthaven	toren
ewiemhyɛn	dadeɛanoma gyinabea	dan tentene

passagier	container	verhuisdoos
obi a wɔforo hyɛn	adaka	adaka

  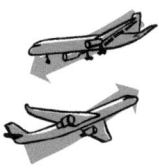

kar	mand	opstijgen / landen
teaseɛnam	kɛntɛn	tu / si fam

stad
kuropɔn

dorp	stadscentrum	huis
akurase	kuropɔn hyiabea	efie

stad - kuropɔn

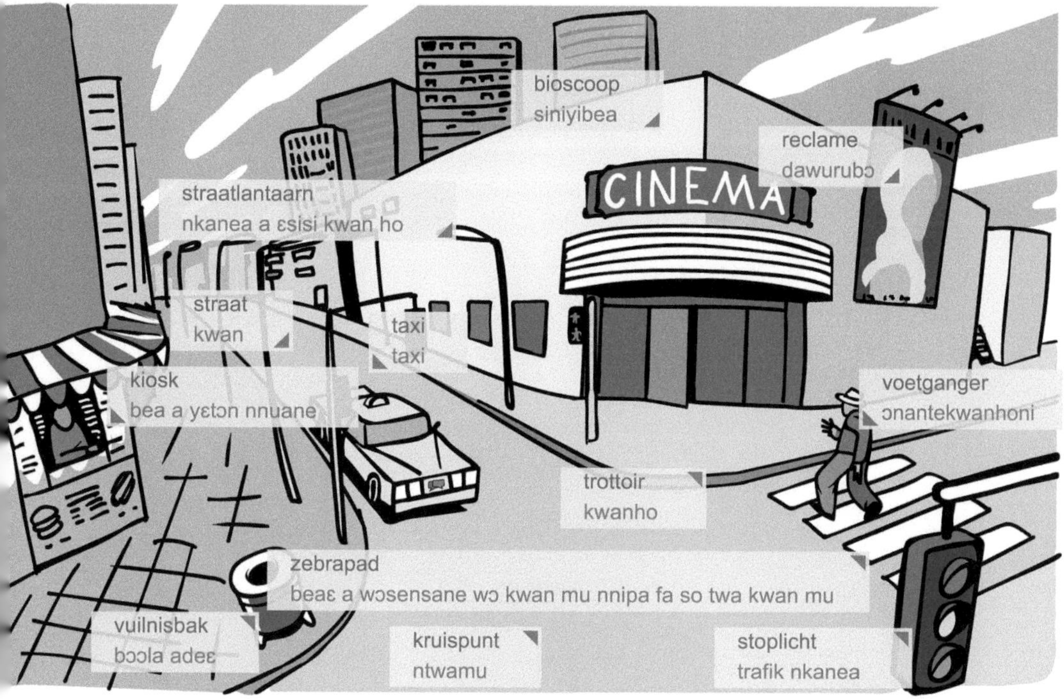

bioscoop
siniyibea

reclame
dawurubɔ

straatlantaarn
nkanea a ɛsisi kwan ho

straat
kwan

taxi
taxi

kiosk
bea a yɛtɔn nnuane

voetganger
ɔnantekwanhoni

trottoir
kwanho

zebrapad
beaɛ a wɔsensane wɔ kwan mu nnipa fa so twa kwan mu

vuilnisbak
bɔɔla adeɛ

kruispunt
ntwamu

stoplicht
trafik nkanea

hut
ntaabodan

appartement
tenabea

station
keteke steshin

stadhuis
kurom nhyiadanmu

museum
mesiɔm

school
sukuu

stad - kuropɔn

universiteit
suapon kɛseɛ

bank
sikakorabea

ziekenhuis
asopiti

hotel
ahomegyebea

apotheek
beaɛ a wɔtɔn nnuro

kantoor
ɔfise

boekenwinkel
beaɛ a wɔtɔn nwoma

winkel
beaɛ a wɔtɔn adeɛ

bloemenwinkel
nhwiren kuani

supermarkt
dwakɛseɛmu

markt
dwamu

warenhuis
asoeɛ sotɔɔ

visboer
nnam tɔnfo

winkelcentrum
adetɔ beae

haven
suhyɛn gyinabea

stad - kuropɔn

park
agodibea

bank
akonnwa

brug
nsamsoɔ

trap
adeɛ wɔee foro aborosan

metro
asaasease

tunnel
tɔkuro a w'atu no asaase
mu de ayɛ kwan

bushalte
ɛhyɛn gyinabea

bar
nsanombea

restaurant
adidibea

brievenbus
krataa adaka

straatnaambord
kwan ahyɛnsodeɛ

parkeermeter
kaagyinaho meta

dierentuin
mmoakurabea

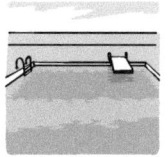

zwembad
nsuo a wɔdware mu

moskee
masalakyi

stad - kuropɔn

boerderij
afuo

vervuiling
ewiem sɛɛɛ

begraafplaats
nsamanpɔ mu

kerk
asore

speelplaats
agodibea

tempel
hyiadan

landschap
asaase

- blad / ahaban
- wegwijzer / akyerɛkyerɛkwan
- weg / kwan
- weide / sare asaase
- steen / boba
- boom / dua
- wandelaar / pipo so foronii
- rivier / asubɔntene
- gras / nsensan
- bloem / nhwiren

landschap - asaase

vallei
ɛbɔn

berg
bepɔ

meer
sutadeɛ

bos
kwaeɛ

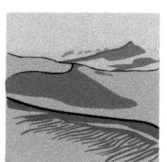

woestijn
ɛsereɛ so

vulkaan
egya a ɛfiri bepɔ mu ba

kasteel
ahenfie

regenboog
nyankontɔn

paddenstoel
mmire

palmboom
abɛdua

mug
ntontom

vlieg
wasena

mier
ntatea

bij
wowa

spin
ananse

landschap - asaase

kever
kukurubibi

kikker
apɔnkyerɛnee

eekhoorn
opuro

egel
kotoko

haas
adanko

uil
patuo

vogel
anomaa

zwaan
dabodabo

wild zwijn
kɔkɔte

hert
wansane

eland
torɔm

stuwdam
sutadeɛ

windmolen
mframa tɛɛbain

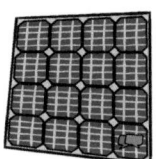
zonnepaneel
adeɛ ɛtwe anyinam ahoden
firi awia mu

klimaat
ewiem

landschap - asaase

restaurant
adidibea

ober
barima a wɔsom wɔ beaɛ a wɔtɔn aduane

menu
aduane ahodoɔ wɔtɔn

stoel
akonwa

soep
nkwan

pizza
pizza

bestek
atere ne nsikan a wɔde didie

tafelkleed
ntoma a wɔde kata ɛpono so

voorgerecht
ahyɛaseɛ

hoofdgerecht
aduane titriw

toetje
nnɔkɔnnɔkwade

dranken
nsa

eten
aduane

fles
toa

restaurant - adidibea

fastfood
aduane wɔyɛ no ɔhare so

eetkraampje
aduana a ɛyɛ kwan ho

theepot
tea kukuo

suikerpot
asikyire kyɛnsen

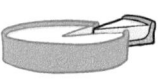

portie
fa

espressomachine
espresso afidie

kinderstoel
akonwa tenten

rekening
ka krataa

dienblad
apanpan

mes
sikanmoa

vork
adinam

lepel
atere

theelepel
tea atere

servet
ntoma a wɔde sɛ pono so

glas
ahwehwɛ

18 restaurant - adidibea

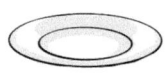

bord

plɛɛte

soepbord

nkwan plɛɛte

schotel

plɛte ketewa

saus

frɔyɛ

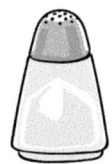

zoutvaatje

nkyene kukuo

pepermolen

adeɛ a wɔde twi mako

azijn

vinegar

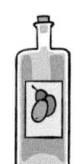

olie

anwa

kruiden

atosodeɛ

ketchup

ketchup

mosterd

sinapi aba

mayonaise

mayonis

supermarkt

dwakɛseɛmu

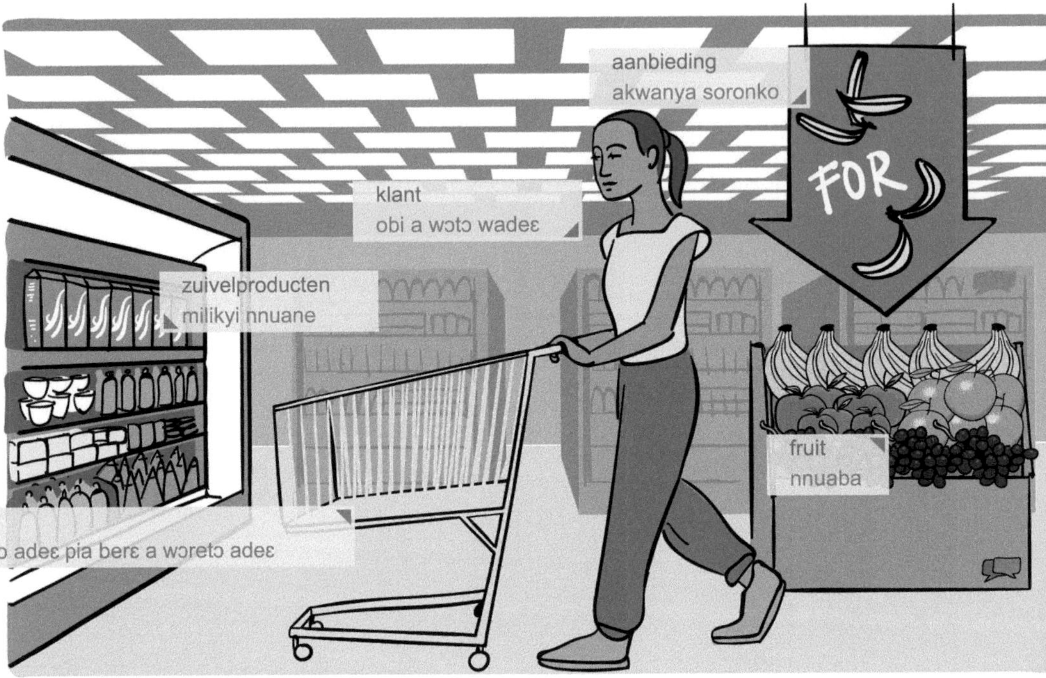

aanbieding
akwanya soronko
FOR
klant
obi a wɔtɔ wadeɛ
zuivelproducten
milikyi nnuane
fruit
nnuaba
tɔ adeɛ pia berɛ a wɔretɔ adeɛ

BUTCHERS

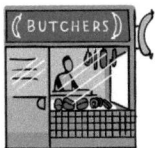

slager

nnamtwafo

BAKERY

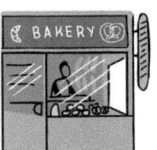

bakkerij

brodotofo

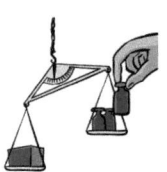

wegen

susu

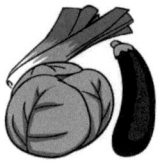

groente

atosodeɛ

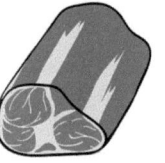

vlees

nnam

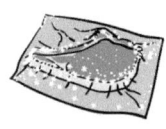

diepvriesproducten

aduane a wɔde ahyɛ sukɔtwea adaka mu

vleeswaren
nnam a yɛy nwunu

conserven
nnuane a ɛwɔ konku mu

wasmiddel
aduro a wɔde si nnooma

snoepgoed
adɔkɔkɔdɔkɔdeɛ

huishoudelijke artikelen
efie nnooma

schoonmaakmiddel
nnuro a wɔde hohoro nnooma ho

verkoopster
adetɔni

kassa
adeɛ a wɔgye sika de gu mu

kassier
obi a wɔhwɛ sika so

boodschappenlijstje
nnooma a wobɛtɔ

openingstijden
mmerɛ a ɔmo de bue

portefeuille
kotokuo

creditkaart
krɛdit kaade

tas
botɔ

plastic zak
roba botɔ

supermarkt – dwakeseɛmu

dranken
nsa

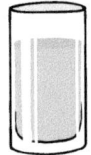
water
nsuo

sap
aduaba mu nsuo

melk
milikyi

cola
coke

wijn
nsa

bier
beer

alcohol
nsaden

chocolademelk
kookoo

thee
tea

koffie
kɔfe

espresso
espresso

cappuccino
cappuccino

eten
aduane

banaan
kwadu

appel
aprɛ

sinaasappel
akutuo

watermeloen
mɛlɔn

citroen
akutuo

wortel
karɔt

knoflook
galeke

bamboe
mpampuro

ui
gyeene

paddenstoel
mmire

noten
nkateɛ

pasta
talia

spaghetti	rijst	salade
talia	ɛmo	salad

friet	gebakken aardappelen	pizza
kyips	aborodwomaa w'akye	pizza

hamburger	sandwich	schnitzel
hamburger	sandwich	ntwetwade

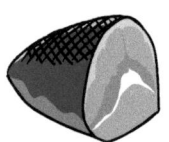

ham	salami	worst
prɛko nam	salami	sɔsegye

kip	gebraad	vis
akokɔnam	toto	nsuomunam

havermout
oats koko

muesli
muesli

cornflakes
cornflakes

meel
esam

croissant
croissant

broodjes
brodo a yabobɔ

brood
brodo

toast
ho

koekjes
biskit

boter
bɔta

kwark
koko

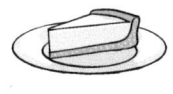
taart
ɔfam

ei
kosua

gebakken ei
kosua a yakye

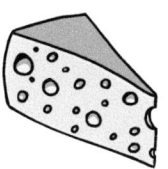
kaas
kyeese

eten - aduane

ijs
ise krim

suiker
asikyire

honing
ɛwoɔ

jam
ɛam

chocoladepasta
kyɔkolate a wɔde yɛ aduane mu

kerrie
kɔri

eten - aduane

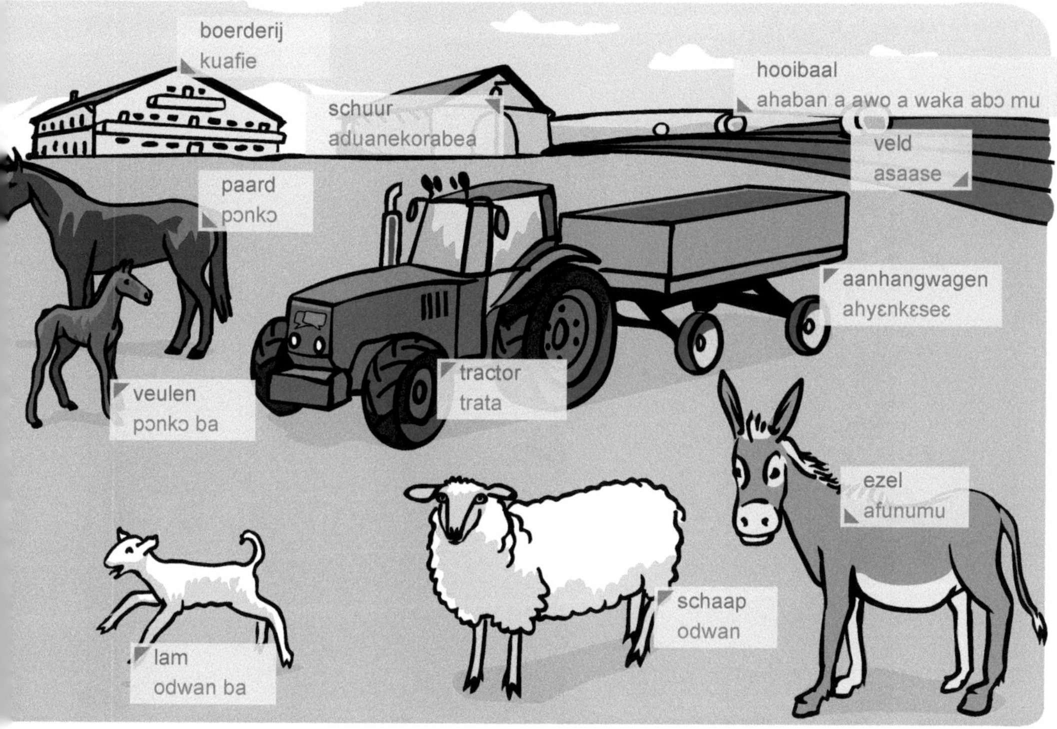

boerderij
afuo

- boerderij / kuafie
- schuur / aduanekorabea
- hooibaal / ahaban a awo a waka abɔ mu
- veld / asaase
- paard / ponkɔ
- aanhangwagen / ahyɛnkɛseɛ
- veulen / pɔnkɔ ba
- tractor / trata
- ezel / afunumu
- schaap / odwan
- lam / odwan ba

geit
aponkye

koe
nantwie

kalf
nantwie ba

varken
prɛko

big
prɛko ba

stier
nantwinini

gans
dabodabo

eend
dabodabo

kuiken
akokɔba

kip
akokɔbedeɛ

haan
akokɔnini

rat
akura

kat
agyinamoa

muis
akura

os
nantwi

hond
ɔkraman

hondenhok
kramanfie

tuinslang
drobɛn a wɔde nsuo fa mu gugu nnɔɔma so

gieter
toa wɔde nsuo gu mu de gugu nnɔɔma so

zeis
kantankrankyi

ploeg
afidie a wɔde funtum asaase ani

sikkel
sɔsɔwa

schoffel
asɔ

hooivork
fɔɔki kɛseɛ

bijl
akuma

kruiwagen
hweebaro

trog
adea mmoa didi mu

melkbus
milikyi konku

zak
kotoku

hek
ɛban

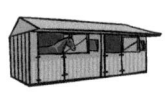

stal
mmoa dan

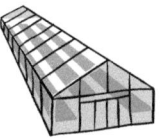

broeikas
nnuaba dan mu

grond
anwea

zaad
aba

mest
nnuro a wɔde gu mfudeɛ ho

maaidorser
nnuanetwa kaa kɛse

boerderij - afuo

oogsten
twa

oogst
mfudeɛ

yam
bayerɛ

tarwe
ayuo

soja
soya

aardappel
aborɔdwomaa

maïs
aburo

koolzaad
rapedua aba

fruitboom
aduaba dua

maniok
bankye

granen
aburo aduane

huis
efie

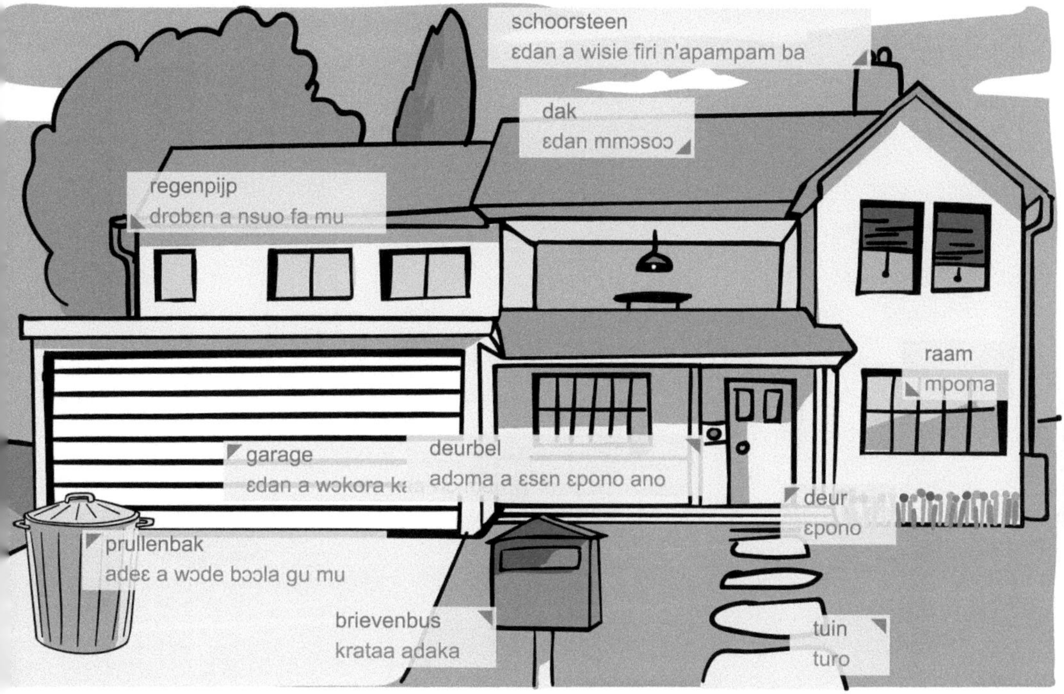

- schoorsteen — ɛdan a wisie firi n'apampam ba
- dak — ɛdan mmɔsoɔ
- regenpijp — drobɛn a nsuo fa mu
- garage — ɛdan a wɔkora kɛ
- deurbel — adɔma a ɛsɛn ɛpono ano
- raam — mpoma
- deur — ɛpono
- prullenbak — adeɛ a wɔde boola gu mu
- brievenbus — krataa adaka
- tuin — turo

woonkamer
ɛdan a wɔtena mu

badkamer
adwareɛ

keuken
gyaade

slaapkamer
piam

kinderkamer
abɔfra dan mu

eetkamer
ɛdan a wɔdidi wɔ mu

huis - efie

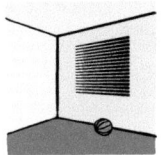

vloer

fam

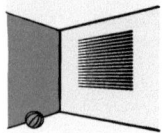

muur

ɛban

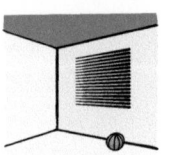

plafond

siilin

kelder

ɛdan a ɛhyɛ fam

sauna

beaɛ a wɔkɔto hyew

balkon

pɔɔkye

terras

asaase a wafuntum na wɔde dua nnɔbaeɛ

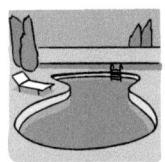

zwembad

nsuo a wɔdware mu

grasmaaier

afidie a wɔde dɔ

laken

krataa

bedsprei

nnasoɔ

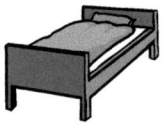

bed

mpa

bezem

praeɛ

emmer

bɔkiti

schakelaar

deɛ wɔde sɔ kanea

huis - efie

woonkamer
ɛdan a wɔtena mu

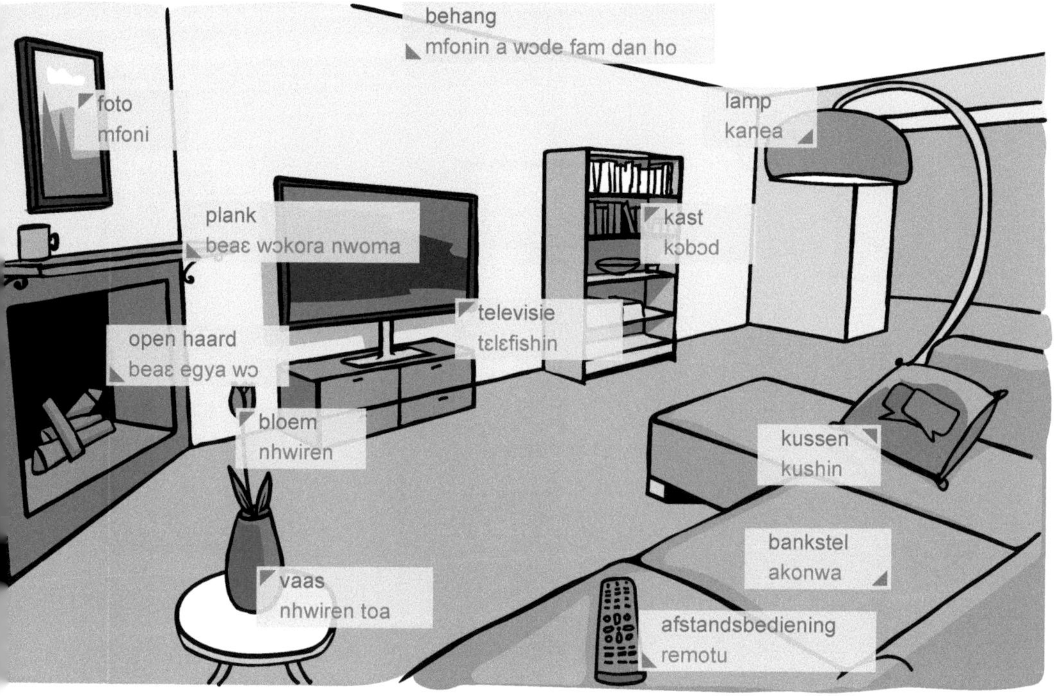

- behang — mfonin a wɔde fam dan ho
- foto — mfoni
- lamp — kanea
- plank — beaɛ wɔkora nwoma
- kast — kɔbɔd
- open haard — beaɛ egya wɔ
- televisie — tɛlɛfishin
- bloem — nhwiren
- kussen — kushin
- bankstel — akonwa
- vaas — nhwiren toa
- afstandsbediening — remotu

tapijt
kapɛt

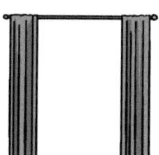

gordijn
kɛtin

tafel
pono

stoel
akonwa

schommelstoel
akonwa aa ɛkɔ anim ne akyi

stoel
nsaakonwa

boek
nwoma

deken
kuntu

decoratie
beaɛ asiesie

brandhout
egya

film
mfoni

stereo-installatie
hi-fi afidie

sleutel
safoa

krant
dawurubɔ krataa

schilderij
akaado

poster
mfoni

radio
akasanoma

kladblok
nwoma a wɔtwerɛ nsɛmpɔ gu mu

stofzuiger
afidie a wɔde pra mfuturo

cactus
cactus

kaars
kandele

woonkamer - ɛdan a wɔtena mu

keuken
gyaade

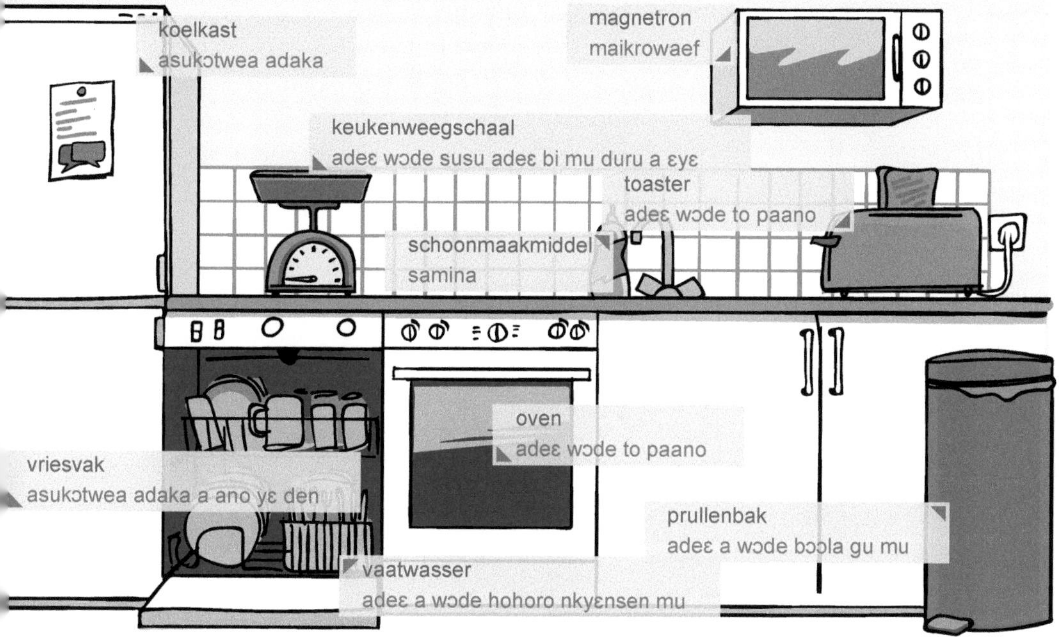

- koelkast — asukɔtwea adaka
- magnetron — maikrowaef
- keukenweegschaal — adeɛ wɔde susu adeɛ bi mu duru a ɛyɛ
- toaster — adeɛ wɔde to paano
- schoonmaakmiddel — samina
- vriesvak — asukɔtwea adaka a ano yɛ den
- oven — adeɛ wɔde to paano
- prullenbak — adeɛ a wɔde bɔla gu mu
- vaatwasser — adeɛ a wɔde hohoro nkyɛnsen mu

fornuis
adeɛ a wɔde noa aduane

pan
kukuo

gietijzeren pan
dadesɛn

wok / kadai
wok / kadai

koekenpan
pan

ketel
adeɛ wɔde noa nsuo

stoomkoker
nea yɛde ka aduane hye

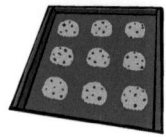
bakplaat
adeɛ wɔto so paano

servies
nkyɛnsen a wɔdidi mu

beker
kuruwa

kom
kyɛnsen

eetstokjes
nnua a wɔde didie

soeplepel
kwantere

spatel
atere

garde
adeɛ wɔde nu adeɛ mu

vergiet
sɔneɛ

zeef
sɔneɛ

rasp
adeɛ a wɔde twi adeɛ

vijzel
waduro

barbecue
adeɛ a wɔde toto nam

vuurhaard
egya a biribiara mmɔ ho ban

keuken - gyaade

snijplank
adeɛ a wɔtwitwa so nnooma

deegroller
adea wɔde twi nnooma

kurkentrekker
adeɛ a wɔde tu toa ano

blik
konku

blikopener
adeɛ wɔde bie konku so

pannenlap
nea yɛde sɔ kukuo mu

wasbak
adeɛ a wɔhohoro nkyɛnse wɔ mu

borstel
adeɛ a wɔde twitwi

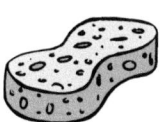
spons
sapɔ

blender
afidie wɔde yam nnuane

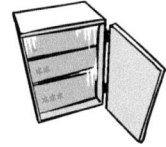
vriezer
asukɔtwea adaka a ano yɛ den

babyflesje
abɔfra toa

kraan
nsuo

keuken - gyaade

badkamer
adwareɛ

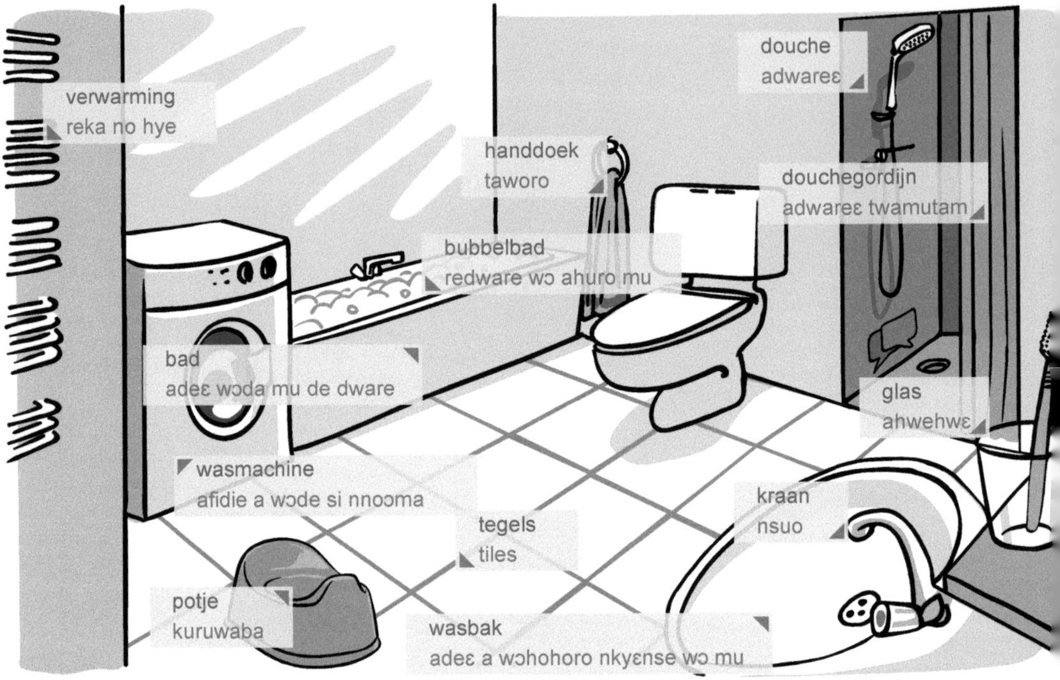

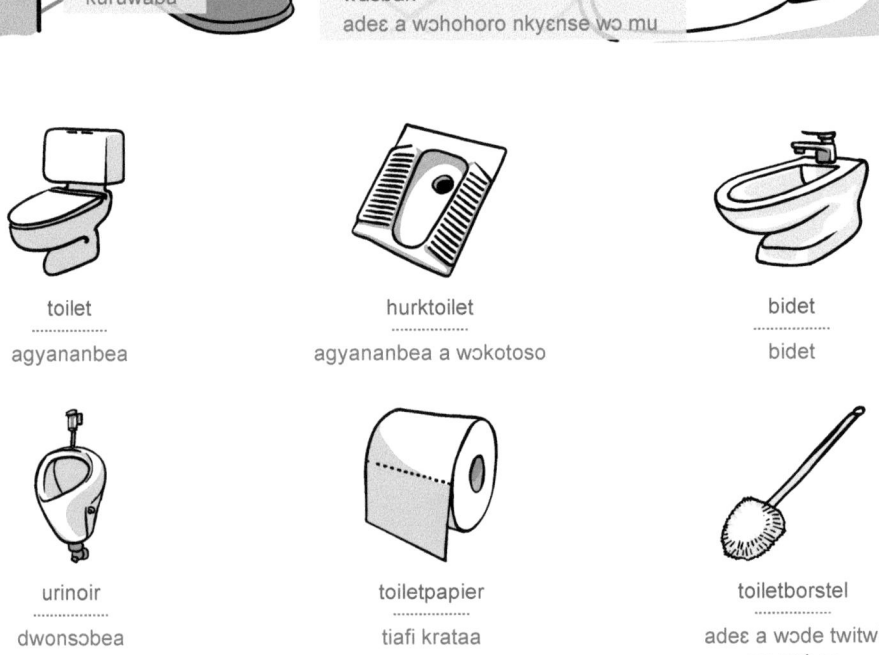

toilet	hurktoilet	bidet
agyananbea	agyananbea a wɔkotoso	bidet
urinoir	toiletpapier	toiletborstel
dwonsɔbea	tiafi krataa	adeɛ a wɔde twitwi agyanbea

tandenborstel
adeɛ wɔde twitwiri ɛse

tandpasta
aduro wɔde twitwiri ɛse

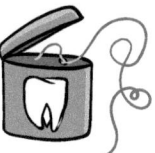
flosdraad
adeɛ wɔde yiyi ɛse ntam

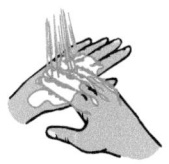
wassen
si

handdouche
adeɛ wɔsɔ mu de dware

toiletdouche
adeɛ nsuo fa mu na wɔde hohoro mmaa ase

waskom
adeɛ wɔsi nnooma wɔ mu

rugborstel
adeɛ wɔde twitwi yakyi

zeep
samina

douchegel
adwareɛ samina

shampoo
deɛ wɔde hohoro tirinwii mu

washanje
ntoma wɔde asaawa na ayɛ

afvoer
nsuokwan

creme
nkuu

deodorant
aduro a wɔde fa mmɔtoamu

spiegel
ahwehwɛ

make-upspiegel
ahwehwɛ kumaa

scheermes
yiwan

scheerschuim
aduro a wɔde yi

aftershave
aduro a wɔde sera beaɛ wayi

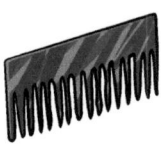

kam
afe

borstel
brɔsh

haardroger
afidie a wɔde ka nwii ma no wo

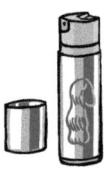

haarspray
adeɛ wɔde aduro gu mu de gu nwii so

make-up
adeɛ wɔde yɛn wɔn anim

lippenstift
adeɛ wɔde keka ano

nagellak
aduro a wɔde ka mmɔwerɛ so

watten
asaawa

nagelschaartje
apasoɔ a wɔde twitwa mmɔwerɛ

parfum
aduham

toilettas

baage a wɔde nnooma gu mu wɔ adwareɛ

kruk

akonwa

weegschaal

afidie a wɔde susu adeɛ bi mu duro

badjas

ataadeɛ wɔhyɛ berɛ a wɔrekɔdware

rubber handschoenen

adeɛ wɔde hyɛ wɔn nsa a wɔde rɔba na ayɛ

tampon

adeɛ wɔde twe nsuo firi pirakuro mu

maandverband

ɛɛ mmaa de siesie wɔn ho berɛ wɔn abu wɔn nsa

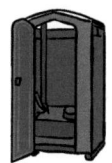

chemisch toilet

agyananbea a wɔde nnuro kora

badkamer - adwareɛ

kinderkamer
abɔfra dan mu

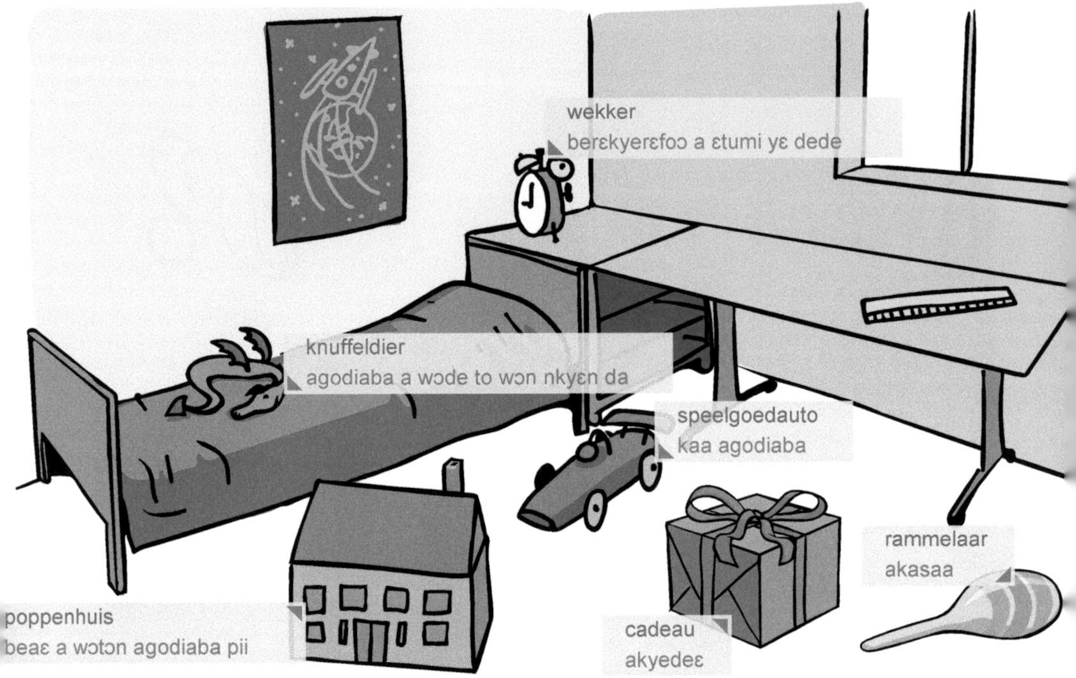
wekker
berɛkyerɛfoɔ a ɛtumi yɛ dede
knuffeldier
agodiaba a wɔde to wɔn nkyɛn da
speelgoedauto
kaa agodiaba
rammelaar
akasaa
poppenhuis
beaɛ a wɔtɔn agodiaba pii
cadeau
akyedeɛ

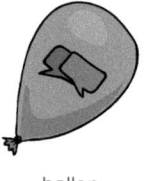

ballon

baluu

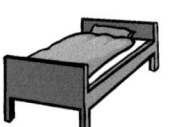

bed

mpa

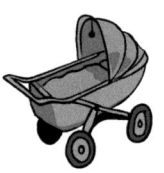

kinderwagen

adeɛ a wɔde mmɔfra to mu pia wɔn

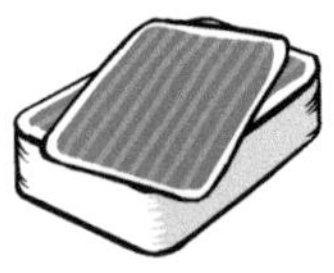

kaartspel

nkrataa a ɛhyɛ adaka mu

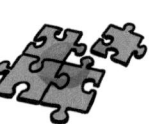

puzzel

mfonin asiniasini a wɔkeka si ani hyehyɛ

SUPER MEGA

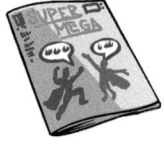

stripverhaal

mmɔfra aseresɛm nwoma

legostenen
lego bricks

speelgoedblokken
blɔks a wɔde si dan

actiefiguurtje
mmɔfra agodiaba

romper
mmɔfra ataade a wɔayɛ abɔ mu

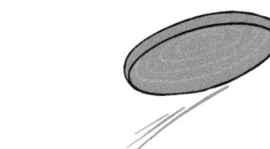
frisbee
frisbee

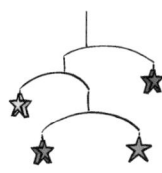
mobile
agodiaba a wɔde sensɛne mmɔfra mpa so

bordspel
agorɔ a ɛwɔ pono so

dobbelsteen
ludu aba

modeltrein
ketekye ketewa

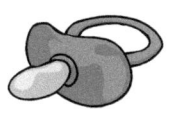
speen
adeɛ a wɔde hyɛ mmɔfra anumu

feestje
apontoɔ

prentenboek
krataa mfonin wɔ mu

bal
bɔɔlo

pop
agodiaba

spelen
di agorɔ

kinderkamer - abɔfra dan mu

zandbak

adeɛ wɔde anwea agu mu a mmɔfra di mu agorɔ

schommel

adonko

speelgoed

agodiaba

spelcomputer

afidie abɛɛfo agodie wɔ so a wɔbɔ

driewieler

dadepɔnkɔ a ne nan yɛ mmiensa

teddybeer

sisire agodiaba

kleerkast

wɔdrop

kleding
ataadeɛ

sokken

adeɛ a wɔhyɛ ansa na wahyɛ mpaboa

kousen

ataade tenten a wɔhyɛ wɔ wɔn nan ho

panty

ataadeɛ a ɛkyekyere deɛ wahyɛ no

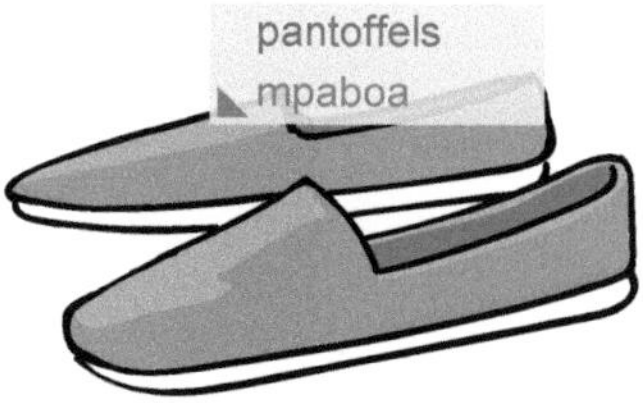

sjaal
duku

riem
abɔmu

paraplu
kyiniɛ

T-shirt
atadeɛ

sportschoenen
mpaboa

laarzen
mpaboa

pantoffels
mpaboa

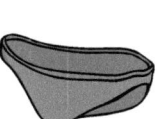
sandalen
mpaboa

schoenen
mpaboa

rubberlaarzen
rɔba mpaboa

onderbroek
drɔs

beha
adeɛ mmaa hyɛ de kora
wɔn nufu

onderhemd
fɛst

kleding - ataadeɛ

body
nipadua

broek
trɔsa

spijkerbroek
gyins

rok
skɛɛte

blouse
mmaa ataade soro

overhemd
ataadesoro

trui
swata

hoody
ataadeɛ a ɛkyɛ wɔ mu

blazer
kootu

jas
ataade ngusoɔ

mantel
kootu

regenjas
ataadeɛ wɔhyɛ berɛ nsuo retɔ

kostuum
ataadehyɛ

jurk
ataadeɛ

trouwjurk
ayifrɔ atadeɛ

pak

ataade nkatasoɔ

nachthemd

ataadeɛ a yɛhyɛ de da

pyjama

pigyamas

sari

sari

hoofddoek

duku

tulband

duku

boerka

ataadeɛ Nkramofoɔ mmaa yɛ na ɛkata wɔn tiri so de kɔsi wɔn nan ase

kaftan

kaftan

abaja

abaya

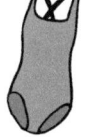

zwempak

ataadeɛ a wɔhyɛ de dware nsuo mu

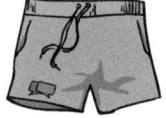

zwembroek

nika

korte broek

nika

trainingspak

traksuit

schort

ntoma a wɔde kata wɔn kɔnmu berɛ wɔreyɛ aduane

handschoenen

adeɛ wɔde hyɛ wɔn nsa

kleding - ataadeɛ

knoop
batin

bril
ahwehwɛniwa

armband
adeɛ wɔde to wɔn nsa

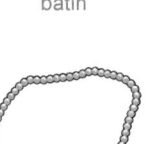

ketting
kɔnmuade

ring
kawa

oorbel
asomadeɛ

pet
ɛkyɛ

kledinghanger
adeɛ a wɔde kootu hyɛ so

hoed
ɛkyɛ

stropdas
abɔɔmenemu

rits
zip

helm
ɛkyɛ a wohyɛ de twi motosakre

bretels
bresis

schooluniform
sukuu ataadeɛ

uniform
ataadeɛ

48 kleding - ataadeɛ

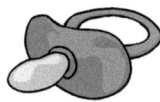

slabbetje	speen	luier
adeɛ a wɔde gu abɔfra kɔn mu berɛ a wɔredidi	adeɛ a wɔde hyɛ mmɔfra anumu	moase tam

kantoor
ɔfise

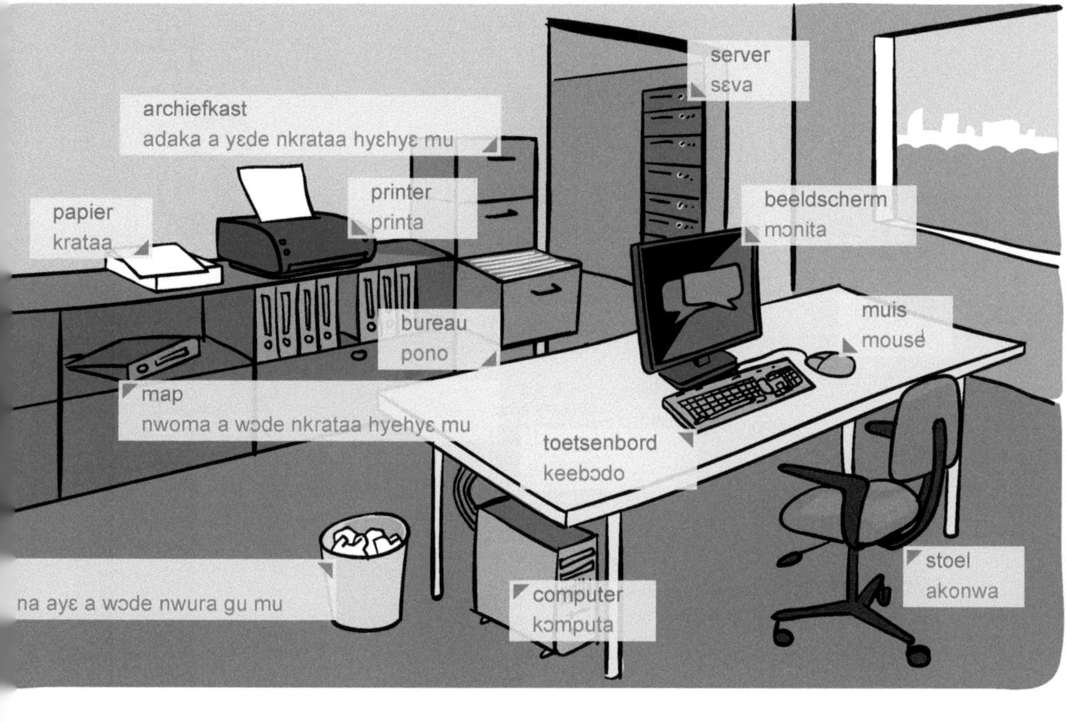

- server / sɛva
- archiefkast / adaka a yɛde nkrataa hyɛhyɛ mu
- printer / printa
- beeldscherm / monita
- papier / krataa
- bureau / pono
- muis / mouse
- map / nwoma a wɔde nkrataa hyɛhyɛ mu
- toetsenbord / keebɔdo
- stoel / akonwa
- na ayɛ a wɔde nwura gu mu
- computer / kɔmputa

koffiemok	rekenmachine	internet
kɔfe kuruwa	afidie a wɔde bu nkonta	intanɛt

kantoor - ɔfise

laptop
laptop

brief
krataa

bericht
nkratoɔ

mobiele telefoon
mobile

netwerk
nɛtwɛk

kopieermachine
fotokɔpia

software
sɔftwɛɛ

telefoon
tetefon

stopcontact
plɔg sɔkɛti

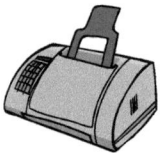
fax
fax afidie

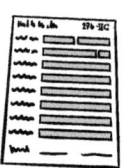
formulier
krataa

document
krataa

kantoor - ɔfise

economie
sikasem

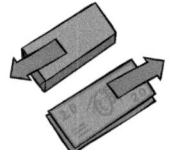
kopen
tɔ

betalen
tua

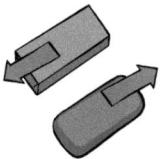
handel drijven
tɔn

geld
sika

dollar
dollar

euro
euro

yen
yen

roebel
rouble

Zwitserse frank
Swiss franc

renminbi yuan
renminbi yuan

roepie
rupee

geldautomaat
sikabea

wisselkantoor
baabi aa yɛsesa

goud
sikakɔkɔɔ

zilver
dwetɛ

olie
ngo

energie
ahoɔden

prijs
ne boɔ

contract
nteaseɛ a ɛwɔ krataa so

belasting
ɛtoɔ

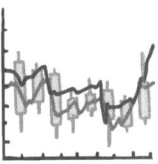

aandeel
stock

werken
yɛ adwuma

werknemer
odwumayɛni

werkgever
obi a wafa obi adwumamu

fabriek
afidihyehyɛbea

winkel
beaɛ a wɔtɔn adeɛ

economie - sikasem

beroepen
nnwuma ahodoɔ

politieagent
polisini

brandweerman
gyadumni

kok
obi a wɔnoa aduane

dokter
dɔkota

piloot
obi a wɔtwi ewiemhyɛn

tuinman
kuani

timmerman
nnuaseni

naaister
ɔbaa a wɔpam adeɛ

rechter
otɛnmuani

scheikundige
dufrani

toneelspeler
siniyifoɔ

buschauffeur
hyɛnkani

taxichauffeur
taxi drɔba

visser
ɔfarifo

schoonmaakster
ɔbaa wɔpopa beaɛ

dakdekker
obi a wɔbɔ dan so

ober
barima a wɔsom wɔ beaɛ a wɔtɔn aduane

jager
ɔbɔmɔfo

schilder
obi wɔde akaado keka ɛden ne nnoɔma aka ho

bakker
brodotofo

elektricien
obi a wɔyɛ nkaneɛ ho adwuma

bouwvakker
dansifo

ingenieur
obi a wɔyɛ mfidie akɛseɛ ho adwuma

slager
namtɔnfo

loodgieter
obi a wɔhyehyɛ drobɛn a nsuo fa mu

postbode
obi a wɔde nkrataa a amanfoɔ atwerɛ soma no

beroepen - nnwuma ahodoɔ

soldaat
ɔsrani

architect
obi a wɔyɛ adansie ho adwuma

kassier
obi a wɔhwɛ sika so

bloemist
obi a wɔtɔn nhwiren

kapper
obi a wɔyɛ tire

conducteur
deɛ wɔgyegye sika wɔ ɛhyɛn mu

monteur
obi a wɔsiesie ɛhyɛn

kapitein
panin

tandarts
dɔkota a wɔhwɛ se

wetenschapper
abodeɛmu nyasapɛni

rabbi
ɔkyerɛkyerɛni

imam
imam

monnik
ᴍonk

pastoor
sofo

beroepen - nnwuma ahodoɔ

gereedschap
akadeɛ

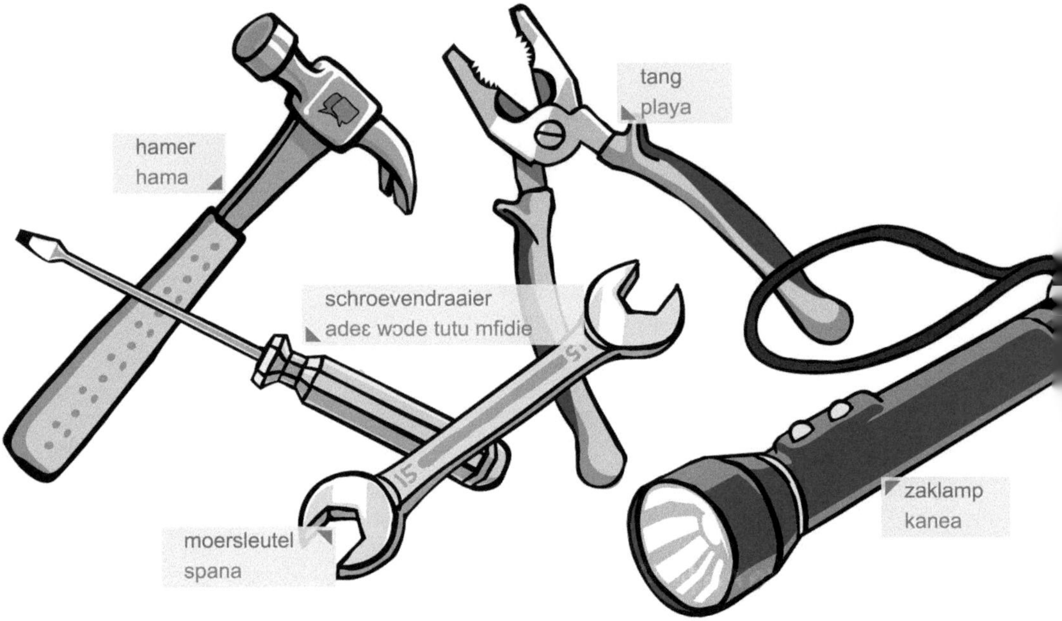

hamer
hama

tang
playa

schroevendraaier
adeɛ wɔde tutu mfidie

moersleutel
spana

zaklamp
kanea

graafmachine

afidie a wɔde tu fam

gereedschapskist

adaka a wɔde nnooma a
wɔde yɛ adwuma gu mu

ladder

atwedeɛ

zaag

sradaa

spijkers

nnadowa

boor

afidie a wɔde mmia nnooma
mu

repareren
siesie

schep
sofi

Verdorie!
Yieee!

stofblik
asesa nwura

verfpot
akaado kora

schroeven
dadeɛ wɔde bobɔ nnoɔma mu

muziekinstrumenten
mfidie a wɔde bɔ nnwom

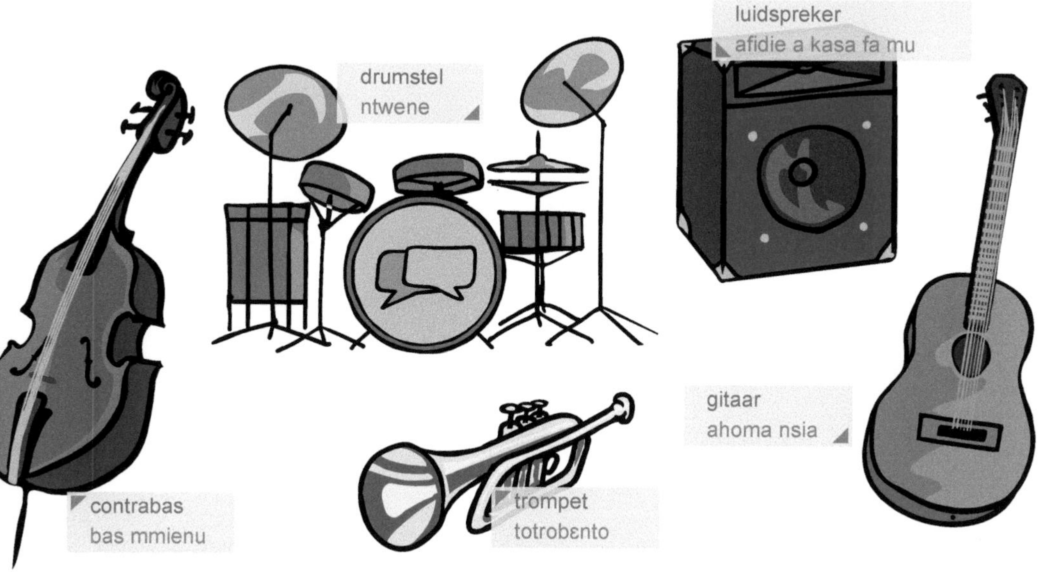

drumstel
ntwene

luidspreker
afidie a kasa fa mu

gitaar
ahoma nsia

contrabas
bas mmienu

trompet
totrobɛnto

piano
sankuo

viool
sankuo

bas
ahoma nsia

pauk
timpani

trommel
ntwene

keyboard
sankuo

saxofoon
sasofon

fluit
trobɛnto

microfoon
akasanoma

muziekinstrumenten - mfidie a wɔde bɔ nnwom

dierentuin
mmoakurabea

ingang
baabi a wɔfra wura m

tijger
sebɔ

kooi
ɛban

zebra
sare so afurum

dierenvoer
mmoa aduane

panda
kankane

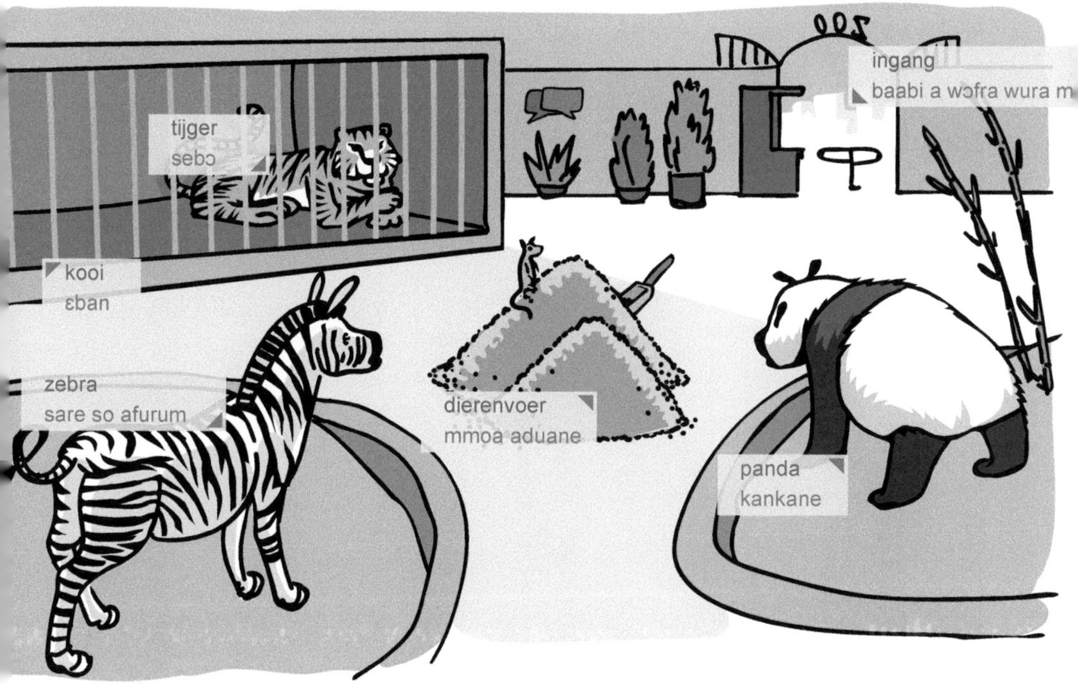

dieren

mmoa

olifant

ɔsono

kangoeroe

kangaroo

neushoorn

bɛnkorɔ

gorilla

akaatia

beer

sisire

dierentuin - mmoakurabea

kameel
yoma

struisvogel
sohori

leeuw
gyata

aap
kontromfi

flamingo
asukɔnkɔn

papegaai
ako

ijsbeer
sisire

pinguïn
penguin

haai
oboodede

pauw
kohaa

slang
ɔwɔ

krokodil
dɛnkyɛm

dierenverzorger
mmoasohwɛfo

zeehond
sukraman

jaguar
sebɔ

dierentuin - mmoakurabea

pony
pɔnkɔ ketewa

luipaard
etwie

nijlpaard
susono

giraffe
kɔntenten

adelaar
ɔkɔdeɛ

wild zwijn
kɔkɔte

vis
nsuomunam

schildpad
sudanda

walrus
sukraman

vos
sakraman

gazelle
adowa

sport
agokansie

activiteiten
dwumadie ahodoɔ

springen — huri
lachen — sre
knuffelen — fam
lopen — nante
zingen — to nwom
bidden — bɔ mpaeɛ
kussen — fe ano
dromen — so daeɛ

schrijven — twerɛ
tekenen — dwidwi
tonen — kyerɛ
duwen — pia
geven — ma
oppakken — fa

hebben
gye

doen
yɛ

zijn
yɛ

staan
gyina

rennen
tu mirika

trekken
twe

gooien
to

vallen
tɔ fam

liggen
twa ntorɔ

wachten
twɛn

dragen
soa

zitten
tena ase

aankleden
hyɛ atadeɛ

slapen
da

wakker worden
sɔre

bekijken
hwɛ

huilen
su

strelen
fa wo nsa fefa ho

kammen
nunu wotirim

praten
kasa

begrijpen
te aseɛ

vragen
bisa

horen
tie

drinken
nom

eten
didi

opruimen
siesie

houden van
dɔ

koken
noa

rijden
ka kaa

vliegen
tu

activiteiten - dwumadie ahodoɔ

zeilen
ka

rekenen
bo ho nkonta

lezen
kan

leren
sua

werken
yɛ adwuma

trouwen
ware

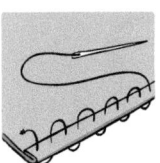
naaien
pam

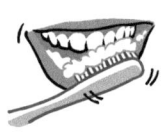
tandenpoetsen
twitwi wo se

doden
kum

roken
hye

verzenden
soma

familie
abusua

- grootmoeder / nanabaa
- grootvader / nana barima
- vader / papa
- moeder / maame
- baby / abɔfra
- dochter / babaa
- zoon / babarima

gast
ɔhɔhoɔ

tante
sewaa

oom
wɔfa

broer
nua barima

zus
nuabaa

lichaam
nipadua

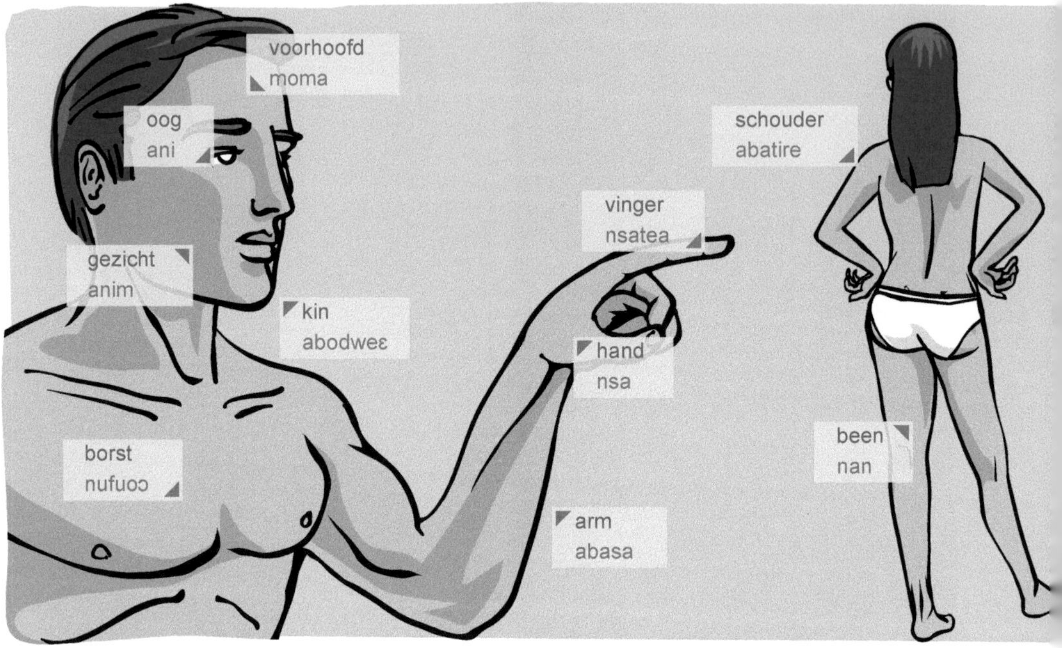

voorhoofd
moma

oog
ani

schouder
abatire

vinger
nsatea

gezicht
anim

kin
abodwɛ

hand
nsa

borst
nufuoɔ

been
nan

arm
abasa

baby
abɔfra

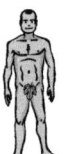

man
barima

vrouw
ɔbaa

meisje
abaayewa

jongen
abarimaa

hoofd
ɛtire

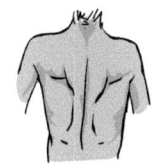

rug
akyi

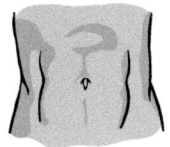

buik
yafunu

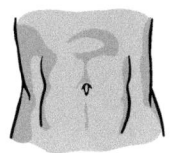

navel
furuma

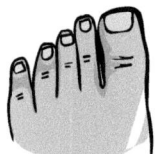

teen
nansoa

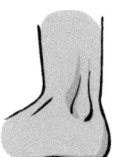

hiel
nantini

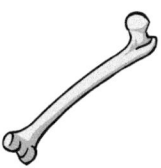

bot
dompe

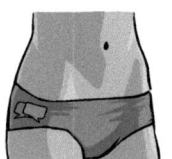

heup
sisi

knie
kotodwe

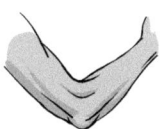

elleboog
abatwerɛ

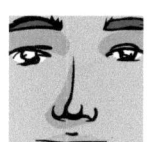

neus
hwene

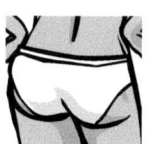

achterwerk
ɛtoɔ

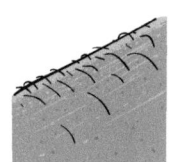

huid
wedeɛ

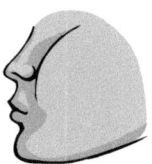

wang
afono

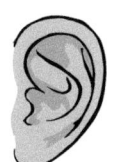

oor
aso

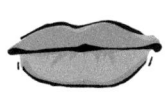

lippen
ano

lichaam - nipadua

mond
ano

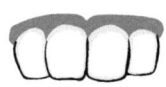

tand
ɛse

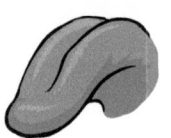

tong
tɛkyerɛma

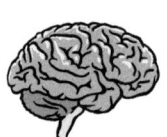

hersenen
adwene

hart
akoma

spier
honam

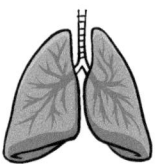

long
ahrawa

lever
brɛbɔɔ

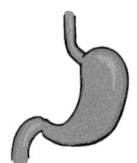

maag
afuro

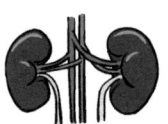

nieren
sawa

geslachtsgemeenschap
barima ne ɔbaa nna mu nhyiamu

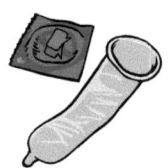

condoom
kɔndɔm

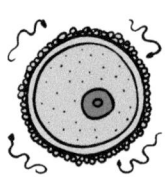

eicel
nkosua a ɛwɔ obaa mu

sperma
barima ho nsuo

zwangerschap
nyinsɛn

lichaam - nipadua

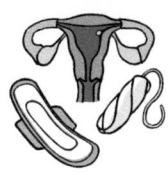
menstruatie
brayɔ

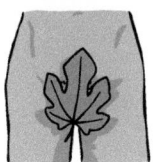
vagina
ɛtwɛ

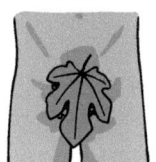
penis
kɔteɛ

wenkbrauw
aniakyi nwii

haar
nwii

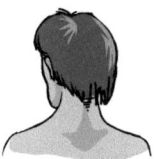
hals
kɔn

lichaam - nipadua

ziekenhuis
asopiti

- ziekenhuis — asopiti
- ambulance — ambulanse
- rolstoel — akonwa a wɔn a wɔntumi nyina tena mu
- fractuur — dompe buo

dokter
dɔkota

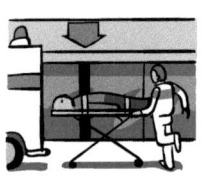

EHBO
ɛdan a wɔde wɔn a wɔn apira kɔ mu kɔhwɛ wɔn ɔhare so

verpleegster
nɛɛse

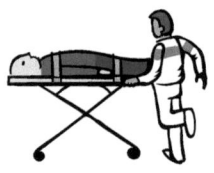

noodgeval
putupru

bewusteloos
fenti

pijn
yaw

verwonding
pira

bloeding
mogyatuo

hartaanval
akoma yareɛ

beroerte
nwodwoɔ yareɛ

allergie
adeɛ wo honam mpɛ

hoest
ɛwa

koorts
ahoɔhyeɛ

griep
papu

diarree
ayɛmhwie

hoofdpijn
tiripayɛ

kanker
kokoram

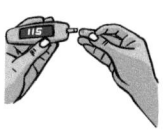
diabetes
asikyire yareɛ

chirurg
ɔkotani wɔpaepae obi sa no yareɛ

scalpel
sekamma

operatie
repaepae obi ho asa no yareɛ

ziekenhuis - asopiti

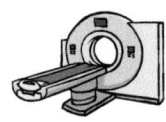

CT

CT

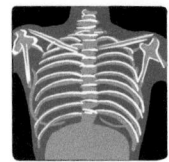

röntgen

x-ray

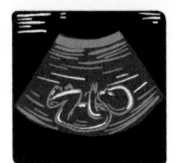

echografie

mfonin a wɔtwa de hwɛ awodeɛ mu

gezichtsmasker

anim nkatadeɛ

ziekte

yareɛ

wachtkamer

dan aa yɛtwɛn wɔ mu

kruk

klɔkye

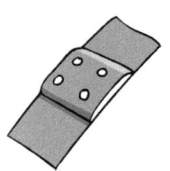

pleister

plasta

verband

bandege

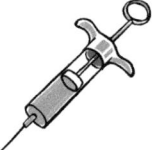

injectie

paneɛ

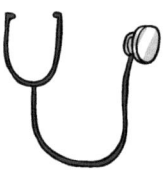

stethoscoop

afidie a wɔde tie dede wɔ nnipa ho

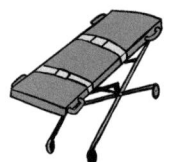

brancard

mpa

thermometer

afidie wɔde hwɛ ahoɔhyeɛ

geboorte

awoɔ

overgewicht

kɛseyɛ mmorosoɔ

ziekenhuis - asopiti

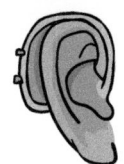

gehoorapparaat

afidie a ɛboa ma obi te asɛm yie

ontsmettingsmiddel

aduro a wɔde ko tia yaremmoa bateria

infectie

yareɛ nsaeɛ

virus

yaremmoawa

HIV / AIDS

HIV / AIDS

medicijn

aduro

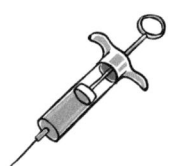

inenting

nsianoaduru paneɛwɔ

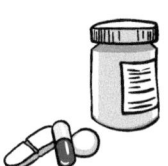

tabletten

nnuro a wɔmene

pil

aduro a wɔmene

alarmnummer

putupru frɛ

bloeddrukmeter

afidie a wɔde hwɛ sɛdeɛ mogya di aforosane

ziek / gezond

yareɛ / ahuɔden

ziekenhuis - asopiti

noodgeval
putupru

Help! Boa me!	 alarm alam	 overval repira obi
 aanval to hyɛ biribi so	 gevaar amaneɛ	 nooduitgang kwan a wɔfa so pue berɛ asɛm asi putupuru
Brand! Egya!	 brandblusser adeɛ a wɔde dum gya	 ongeluk akwanhyia
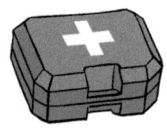 EHBO-koffer mmoa a edikan akadeɛ	 SOS SOS	 politie polisi

aarde
Ewiase

Europa
Europe

Noord-Amerika
North America

Zuid-Amerika
South America

Afrika
Africa

Azië
Asia

Australië
Australia

Atlantische Oceaan
Atlantic

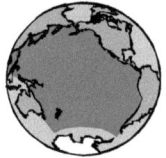
Stille Oceaan
Pacific

Indische Oceaan
Indian Ocean

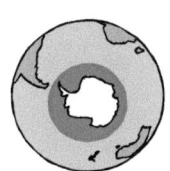
Zuidelijke Oceaan
Antartic Ocean

Noordelijke IJszee
Arctic Ocean

Noordpool
North Pole

Zuidpool   Antarctica   aarde
South Pole   Atartica   Ewiase

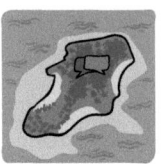

land   zee   eiland
asaase   ɛpo   ɛpoano

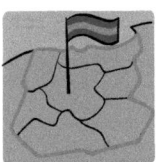
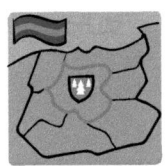

natie   staat
ɔman   ɔman

klok
mmerɛ kyerɛfoɔ

wijzerplaat

mmerɛ kyerɛfoɔ no anim

uurwijzer

dɔnhwere nsa

minutenwijzer

sima nsa

secondewijzer

anitɛtɛ nsa

Hoe laat is het?

Abɔ sɛn?

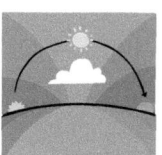

dag

da

tijd

mmerɛ

nu

seisei ara

digitaal horloge

abɛɛfo mmerɛ kyerɛfoɔ

minuut

sima

uur

dɔnhwere

week
nnawɔtwe

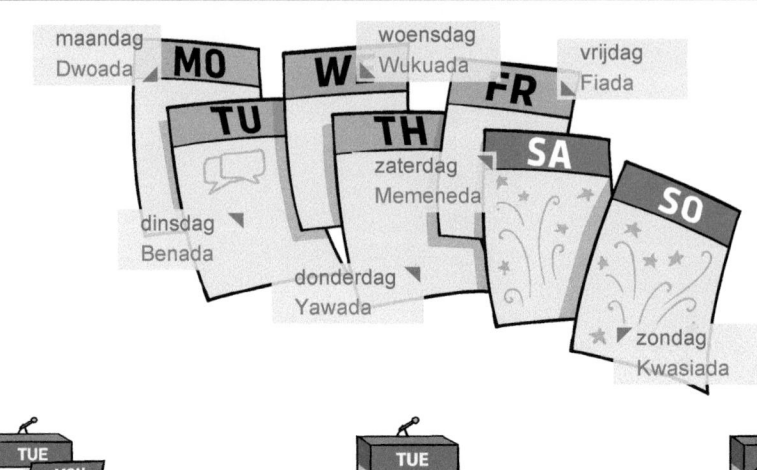

maandag — Dwoada
woensdag — Wukuada
vrijdag — Fiada
dinsdag — Benada
zaterdag — Memeneda
donderdag — Yawada
zondag — Kwasiada

gisteren
ɛnora

vandaag
nnɛ

morgen
ɔkyena

ochtend
anɔpa

middag
awia

avond
anwummerɛ

werkdagen
adwuma nna

weekend
nnawɔtwe awieɛ

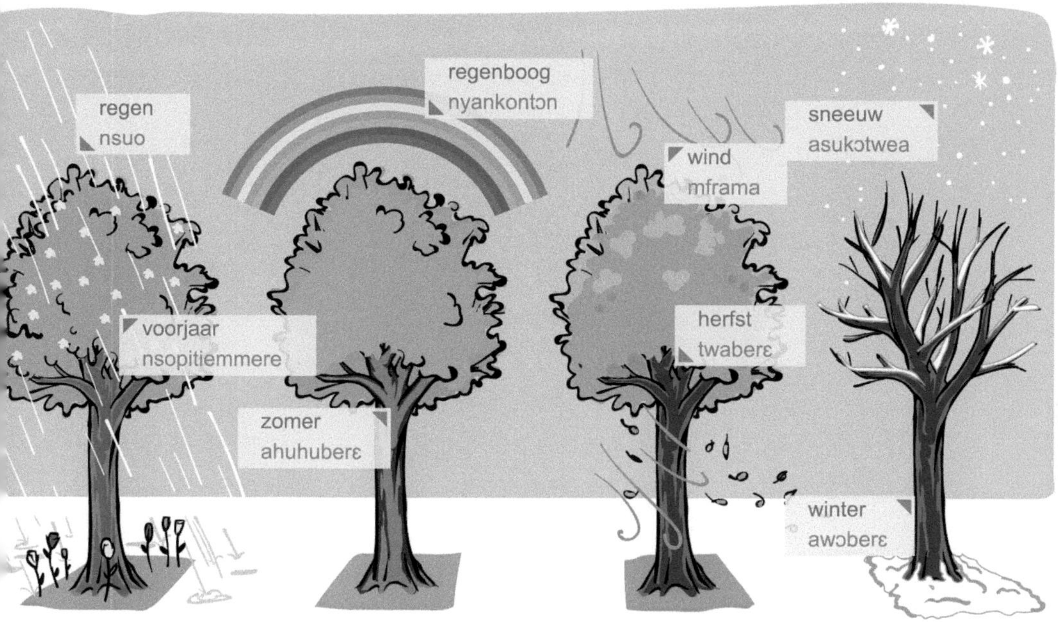

jaar
afe

- regen / nsuo
- regenboog / nyankontɔn
- sneeuw / asukɔtwea
- wind / mframa
- voorjaar / nsopitiemmere
- zomer / ahuhuberɛ
- herfst / twaberɛ
- winter / awɔberɛ

weerbericht
ewiemu nsesaeɛ

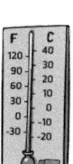

thermometer
afidie a wɔde hwɛ ahoɔhyeɛ

zonneschijn
awiabɔ

wolk
munumkum

mist
ɛbɔ

luchtvochtigheid
nsuo a ɛwɔ mframa mu

jaar - afe

bliksem
ayerɛmo

donder
agradaa

storm
nsuden ne mframa

hagel
sukɔtwea

moesson
mframa a ɛde nsuo ba

overstroming
nsuyiri

ijs
asukɔtwea

januari
☐pɛpɔn

februari
☐gyefoɔ

maart
☐bɛnem

april
Oforisuo

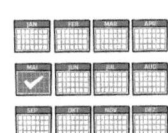

mei
Kotonimaa

juni
Ayɛwohumumɔ

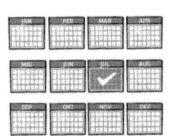

juli
Kitawonsa

augustus
☐sanaa

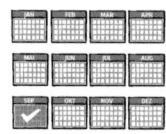
september
εbɔ

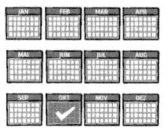
oktober
Ahinime

november
Obubuo

december
☐pεnimaa

vormen
bɔbea

cirkel
kanko

vierkant
ahenanan

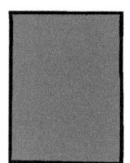
rechthoek
fasene

driehoek
ahinasa

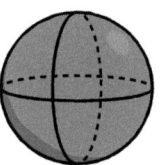
bol
kanko

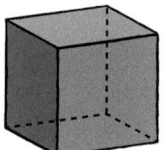
kubus
ahenanan

vormen - bɔbea

kleuren
ahosuo

wit
fitaa

geel
akokɔsradeɛ

oranje
akokɔsradeɛ

roze
memen

rood
kɔkɔɔ

paars
beredum

blauw
bibire

groen
ahabanmono

bruin
dodoeɛ

grijs
nson

zwart
tuntum

tegenstellingen
abirabɔ

veel / weinig

bebree / ketewa

boos / rustig

abufuo / brɛo

mooi / lelijk

fɛfɛɛfɛ / tantantan

begin / einde

ahyɛasɛɛ / awieɛ

groot / klein

kɛsɛɛ / ketewa

licht / donker

ɛhyerɛ / ɛdum

broer / zus

nua barima / nuabaa

schoon / vies

ɛho te / ɛfi

volledig / onvolledig

wawie / onwieeyɛ

dag / nacht

anopa / anadwo

dood / levend

wawu / ɔtease

breed / smal

emu bue / emu mmueɛ

eetbaar / oneetbaar

yetumi di / yentumi nni

gemeen / aardig

bɔne / papa

opgewonden / verveeld

anigyeɛ / w'ani nka

dik / dun

kɛseɛ / hwea

eerste / laatste

di kan / ka akyi

vriend / vijand

adanfo / atanfo

vol / leeg

ayɛ ma / hwee nnimu

hard / zacht

dendenden / mrɛmrɛmrɛ

zwaar / licht

emu ye duru / emu yɛ ha

honger / dorst

ɛkɔm / nsukɔm

ziek / gezond

yareɛ / ahuɔden

illegaal / legaal

ɛnfa mmrakwanso / mmrakwanso

intelligent / dom

nimdifo / gyimifo

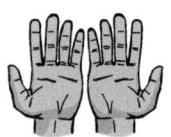

links / rechts

benkum / nifa

dichtbij / ver

ɛbɛn / ɛmu ware

tegenstellingen - abirabɔ

nieuw / gebruikt

foforo / dada

niets / iets

ɛnyɛ hwee / biribi

oud / jong

panyin / abɔfra

aan / uit

sɔ / dum

open / gesloten

bue / yatom

zacht / luid

dinn / dede

rijk / arm

sikani / ohiani

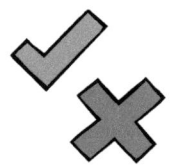

goed / fout

papa / bɔne

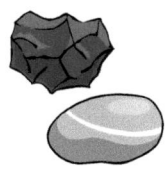

ruw / glad

wewerɛwewerɛ / tromtrom

verdrietig / gelukkig

awerehoɔ / anigye

kort / lang

tiatia / tentene

langzaam / snel

brɛoo / ntɛm

nat / droog

afɔ / awo

warm / koel

ɛyɛ hye / adwo

oorlog / vrede

ntɔkwa / asomdwoe

tegenstellingen - abirabɔ

getallen
nɔma

0 nul — ohunu

1 één — baako

2 twee — mmienu

3 drie — mmiensa

4 vier — nan

5 vijf — num

6 zes — nsia

7 zeven — nson

8 acht — nwɔtwe

9 negen — nkron

10 tien — du

11 elf — du-baako

12
twaalf
du-mmienu

13
dertien
du-mmiensa

14
veertien
du-nan

15
vijftien
du-num

16
zestien
du-nsia

17
zeventien
du-nson

18
achttien
du-nwɔtwe

19
negentien
du-nkron

20
twintig
aduonu

100
honderd
ɔha

1.000
duizend
apem

1.000.000
miljoen
ɔpepe

getallen - nɔma

talen
kasa ahodoɔ

Engels
Brofo kasa

Amerikaans Engels
Amerika Brofo

Chinees Mandarijn
Chinese Mandarin

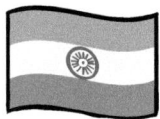

Hindi
Hindi

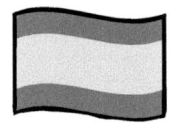

Spaans
Spanish

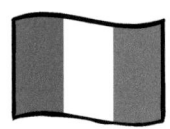

Frans
French

Arabisch
Arabic

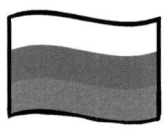

Russisch
Russian

Portugees
Portuguese

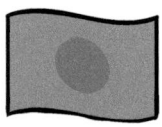

Bengalees
Bengali

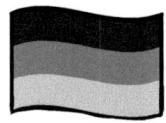

Duits
German

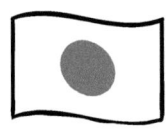

Japans
Japanese

wie / wat / hoe
hwan/aden/ sɛn

ik
me

jij
wo

hij / zij / het
ɔno

wij
yɛn

jullie
wo

zij
wɔn

wie?
hwan?

wat?
aden?

hoe?
sɛn?

waar?
ɛhefa?

wanneer?
dabɛn?

naam
din

waar
hefa

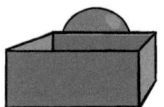

achter

n'akyi

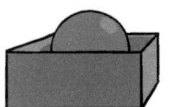

in

ɛmu

voor

wɔ n'anim

boven

soro

op

so

onder

aseɛ

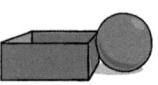

naast

nkyene

tussen

ntam

plaats

fa hyɛ